AF229011

CAUSE PRINCIPALE

DE LA

DÉPRÉCIATION

DES FONDS FRANÇAIS.

PRÊT DE MM. BARING.

PAR UN ANGLAIS.

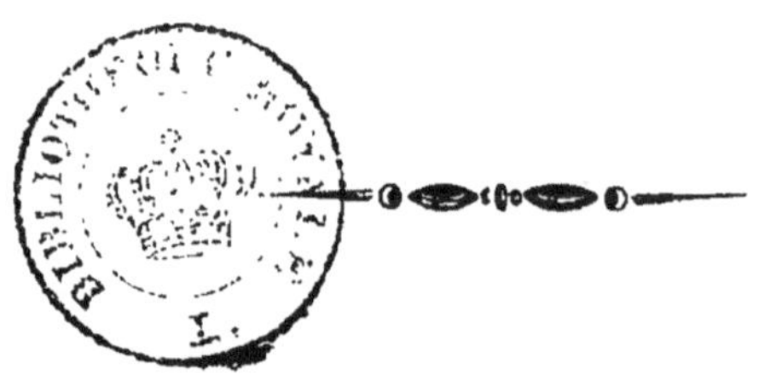

A PARIS,

CHEZ ALEX. EYMERY, LIBRAIRE,

RUE MAZARINE, N° 30.

1818.

CAUSE PRINCIPALE

DE LA

DÉPRÉCIATION

DES FONDS FRANÇAIS.

PRÊT DE MM. BARING.

—

On ne peut qu'être fort étonné de la dépréciation actuelle des fonds français, particulièrement de celle du 5 pour 100, ou des inscriptions sur le Grand Livre ; et il n'est pas moins surprenant de voir ceux qui devraient chercher un remède à un mal si grave, rester, en quelque sorte, dans un état de stupéfaction, sans faire le moindre effort pour détruire les incertitudes de l'opinion publique sur ce sujet, en l'éclairant par des principes incontestables, et dont l'évidence aurait pour résultat infaillible une amélioration sensible et immédiate dans les finances de la France.

La dépréciation des fonds français peut être attribuée à plusieurs causes ; mais la cause principale, sans contredit, n'est autre que l'idée imparfaite que nous avons de la nature de ces fonds.

Jamais l'usure n'a été plus scandaleuse. A aucune époque, on ne l'a vue, comme aujourd'hui, exercée par des hommes que la considération à laquelle ils prétendent devrait mettre si fort au-dessus de pareilles spéculations, et que le nom seul d'usure devrait faire frémir. On croyait réservée aux Juifs la honteuse célébrité dans l'usure ; célébrité à laquelle ils ont des titres d'une haute antiquité : mais leurs frères, les Chrétiens, semblent aujourd'hui les surpasser dans cet art odieux.

Toute la dette nationale de la France n'égale pas le montant de la dette de l'Irlande. La dette française n'excède pas le huitième de la dette publique de l'Angleterre ; et quand les armées alliées se seront retirées, la France disposera d'un expédant considérable sur son revenu. Lorsque l'on connaît toutes ces circonstances, comment attribuer la dépréciation des fonds français à l'insuffisance des moyens de la France ? Comment ne pas l'imputer plutôt à l'erreur des capitalistes, qui n'ont pas su encore bien apprécier la proportion entre les besoins et les ressources de l'État ?

La France a un fonds annuel d'amortissement de 40,000,000. Ainsi, le rapport de ce fonds à la dette entière est de 1 à 42 ; tandis que celui du fonds d'amortissement de l'Angleterre au capital de sa dette, n'est que de 1 à 55. Il est généralement reconnu qu'on ne peut trouver, dans l'économie, aucune possibilité de resserrer les dépenses de l'Angleterre dans les limites de son revenu, dût-on même employer le fonds d'amortissement au paiement des dépenses annuelles. Cependant, le gouvernement anglais emprunte à 2 1/2, au plus à 4 pour 100. Le gouvernement français, au contraire, a emprunté à 10, et emprunte encore à 8 pour 100.

On doit attribuer cet immense désavantage à l'ignorance où nous sommes de notre vraie situation, qui permettrait à la France d'emprunter à des conditions plus favorables, et aux peines que se donnent certains capitalistes pour dérober au public la connaissance de cette situation. Les capitalistes emploient toute leur influence à décréditer le gouvernement, et à faire circuler des bruits alarmants sur sa stabilité. Ils fondent ainsi l'espoir de leurs gains sur les embarras qu'ils lui créent, et ils élèvent des fortunes colossales sur les ruines du crédit public.

Le public devient facilement la dupe de ces agioteurs artificieux ; il accueille les bruits tels qu'on les répand, il ne remonte pas aux causes éloignées ou immédiates de ces rumeurs. Le bandeau tombera de lui-même, si l'on fait remarquer que, si les alarmes sur le peu de stabilité du gouvernement étaient fondées, une différence de 10 à 5 pour 100 sur les intérêts, ne suffirait pas pour compenser le danger de perdre ses capitaux ; et que, dans ce cas, les capitalistes ne 'risqueraient leur argent à aucune condition. Mais il n'en est point ainsi : les manœuvres des capitalistes n'ont d'autre but que d'effrayer le public , et de multiplier les embarras du gouvernement, pour lui arracher le taux d'intérêts auquel aspire leur cupidité. C'est alors qu'ils s'emparent avidement de l'emprunt, et qu'ils ouvrent leurs coffres, en s'applaudissant du succès de leurs intrigues.

On ne saurait nier que la situation des affaires en France, pendant les trente dernières années, n'ait répandu une juste méfiance sur la stabilité de ses institutions. Mais il est facile de prouver que l'ordre actuel des choses a fait disparaître tout motif réel d'alarmes et d'inquiétudes.

En premier lieu, les Français ont reconnu leurs erreurs, et n'y retomberont plus. Les illusions de la théorie ont fait place aux vérités pratiques ; et ni les rêves des philosophes, ni les déclamations des Jacobins, ne pourront faire goûter de nouveau à la nation de vaines spéculations sur la perfectibilité de la nature humaine, ou sur les avantages d'une liberté incompatible avec l'ordre social.

En second lieu, la France a maintenant une constitution sagement tempérée, une charte, une représentation nationale ; et l'on sait quelle heureuse révolution un événement semblable produisit dans l'administration de l'Angleterre, lorsque l'avénement de Guillaume III au trône mit un terme au pouvoir arbitraire. Il devint bientôt facile pour la Grande-Bretagne d'emprunter par millions sterlings, lorsqu'avant elle ne pouvait emprunter par mille. Les mêmes avantages doivent être en France le résultat de l'adoption de la Charte constitutionnelle, et l'on ne peut douter qu'elle ne réussisse bientôt à se les approprier.

La troisième et dernière raison est que toutes les puissances de l'Europe sont maintenant intéressées à l'établissement du crédit national en France. Il est la garantie de sa tranquillité et de leurs créances ; et, grace à la richesse de son sol, grace à l'industrie et au génie inventif de ses habitants, cette paix intérieure suffira seule pour élever la France à un degré de prospérité qu'elle n'a jamais connue depuis qu'elle existe comme nation.

De là je conclus qu'il n'y a réellement aucun motif de craindre pour la solidité des fonds placés en France ; et, tout bien calculé, on pourrait croire les placements plus solides qu'en Angleterre ; car on peut, d'après de fortes présomptions, conjecturer que l'Angleterre se verra obligée de réduire à moitié le taux de l'intérêt de sa dette nationale, pour se mettre en état de payer le reste. Cette seule observation suffit pour prouver que la différence entre le taux auquel sont cotés les fonds français, et celui des fonds anglais, est énorme, et que cette différence ne peut être expliquée par aucune cause réelle et valable.

1000 liv. st. (24,000 fr.), employées à l'achat de fonds du 3 pour 100 consolidés, taux inférieur au cours actuel, procureront 1250 liv. st. (30,000 fr.), et produiront un intérêt annuel de 37 liv. st. 6 s. (900 fr.).

La même somme de 1000 liv. st. employée à l'achat des fonds du 5 pour 100 français, à 66 2/3 (c'est à-peu-près le cours actuel), procurera 1,500 liv. st. (36,000 fr.); ce qui rapporte un intérêt annuel de 75 liv. st. (1,800 fr.), ou exactement le double de ce que rapportent les fonds anglais.

On vient de voir les profits du spéculateur qui achéterait, pour les conserver, des fonds dans l'un des deux pays. Le bénéfice sera beaucoup plus considérable pour celui qui voudra vendre. Les fonds français sont de 34 pour 100 au-dessous du pair; les fonds anglais de 20 pour 100 au-dessus : par conséquent, les fonds français s'élèveront tôt ou tard au pair, et les fonds anglais y retomberont. Mais, sans même s'occuper du 3 pour 100 anglais, sans calculer la dépréciation présumée de ce fonds, on a lieu de croire que les fonds français s'élèveront à 76 ou 80. En supposant qu'ils ne s'élèvent qu'à 76, cette hausse produira un profit net additionnel de 150 liv. st. (en intérêts), ou de 1,5oo liv. st. (en fonds) : le profit annuel sur les fonds français sera donc quintuple de celui que l'on ferait sur *les fonds anglais.* Le bénéfice sur les fonds français s'élèvera même au double de cette somme, si on se détermine à les garder.

Ces explications une fois bien comprises, les fonds publics des deux nations doivent tendre bientôt à se remettre de niveau, car la nature des choses ne permet pas qu'une dis-proportion, qui ne s'appuie sur aucun prin-cipe, sur aucune cause réelle, puisse durer long-temps. Cette disproportion ne se main-tient évidemment qu'à l'aide de l'intrigue, et des faux bruits que répandent quelques ca-pitalistes traîtres à l'honneur et à la pros-périté de leur pays. C'est bien à eux qu'on peut appliquer ces vers de Gray :

> Homme frivole, crois-tu que ce nuage, que des vapeurs ont formé, ait éteint l'astre qui répand la lumière ? Demain ce fleuve d'or reprendra tout son éclat, et des rayons plus brillants ver-seront sur la terre une chaleur plus vive.

Ainsi, malgré tous leurs efforts, les fonds français hausseront avant peu, et cette hausse continuera rapidement, jusqu'à ce qu'ils aient atteint leur niveau naturel.

Du prêt fait par MM. Baring.

Le Gouvernement français a négocié l'année dernière avec MM. Baring, banquiers à Londres, un emprunt de 3o1,844,2oo fr. Pour faciliter les opérations, l'emprunt a été divisé en trois portions. Le premier prêt a été effectué le 10 février, pour une somme de 95,454,546 fr., les rentes étant prises à 52 1/2, le bénéfice s'est élevé à 9,090,900 fr., ou près de 10 pour 100; et les fonds ayant haussé depuis cette époque de 13 pour 100, si MM. Baring voulaient en disposer aujourd'hui, ils réaliseraient à 22 3/4 pour 100, ce qui ferait à-peu-près 23 millions de bénéfice sur 95.

Pour disposer de ce fonds d'une manière avantageuse, et se mettre ainsi en état de faire un second prêt, les prêteurs travaillèrent à faire hausser les fonds. C'était pour eux une nécessité. Autrement, ils n'eussent retiré aucun profit du premier prêt, et n'eussent point été à même d'en faire un second.

Ils s'arrangèrent cependant de manière à se mettre en état de traiter pour un autre prêt, qu'ils effectuèrent le 11 mars, pour une somme de 92,689,000 fr., à 55 1/2. Ainsi, dans le cours d'un mois, les fonds haussèrent de 3 pour 100. On demandera peut - être pourquoi MM. Baring pensèrent à faire hausser les fonds, au moment où ils s'attendaient à faire un nouveau prêt, qu'ils ne pouvaient effectuer que sur le pied de la hausse? Il est facile d'en expliquer la raison. Ils n'étaient propriétaires que d'une partie des fonds du prêt. Il fallait donc présenter de grands avantages à leurs associés, pour les déterminer à y prendre part, et afin de s'assurer des fonds qu'exigeait le premier versement à faire pour le second prêt. Quoiqu'on l'effectuât sur le pied de la hausse, les fonds étaient encore de 43 1/2 pour 100 au-dessous du pair. On avait, par conséquent, la perspective d'un bénéfice considérable, puisque la garantie de la tranquillité de la France par les puissances de l'Europe, donnait la certitude que les fonds français remonteraient, et se rapprocheraient du pair.

Les mêmes causes nécessitant les mêmes effets, les fonds haussèrent dans l'intervalle du second au troisième prêt, qui fut conclu quatre mois après ; savoir, le 22 juillet, pour une somme de 110,700,000 fr. à 6 1/2, c'est-à-dire, avec une augmentation de 6 pour 100 depuis le second prêt, et de 9 pour 100 depuis le premier.

Depuis lors, les fonds ont toujours haussé graduellement, ce qui prouve à-la-fois l'exactitude des calculs de MM. Baring, et une amélioration sensible dans l'opinion publique. Ainsi l'on pourrait maintenant effectuer un quatrième emprunt, d'après les bases et par les moyens qui ont fait réussir le second et le troisième. Les profits immenses qu'ont procuré les emprunts précédents, ont excité le désir de traiter pour un quatrième. Il n'aura pas été plus tôt réalisé, que l'on verra les fonds hausser comme auparavant; mais on est assuré que si les prêteurs ne comptaient pas avec une certitude presque entière sur la hausse des fonds, ils ne voudraient, ni même ne pourraient prêter leur argent. Cependant, ils savent que 80 même ne seraient, proportion gardée, qu'un prix inférieur pour le fonds de 5 pour 100 français, puisque le fonds anglais de 3 pour 100 est à ce taux.

Le taux moyen de l'emprunt des 12 millions sterlings, prêtés l'année dernière, a été 56 1/2; à quoi il faut ajouter, au moment actuel, une hausse de 9 pour 100 qui, réunie à l'intérêt, donne en un an un bénéfice de 18 pour 100.

Les hausses ont fait faire quelquefois des profits considérables sur les fonds anglais ; mais les emprunts, en Angleterre, ayant lieu généralement à 5 pour 100 et au-dessous, ces profits étaient créés à l'aide de combinaisons adroites (et souvent très-coupables), dont le dernier résultat était quelquefois la ruine de beaucoup d'intéressés. Les circonstances, relativement à la France, sont tout-à-fait différentes. Le taux élevé de l'intérêt garantit un profit certain : on n'a réellement à courir le risque d'aucune perte. On n'est exposé qu'à une variation dans le gain. On ne doit donc pas s'étonner de l'empressement des prêteurs, ni de la grande concurrence qui s'élève entre eux.

Ce qui peut exciter la surprise, c'est de voir le gouvernement français, dont les précédentes opérations ont dû éveiller l'attention, négliger de la diriger vers les mesures qui pourraient tourner à l'avantage des fonds publics, et lui procurer les moyens d'emprunter à des conditions plus favorables.

Pour donner aux personnes à qui ces matières sont le plus étrangères, une idée précise et claire des énormes profits que procurent ces immenses opérations, nous mettons sous leurs yeux le relevé suivant, relatif à l'emprunt proposé de 225,000,000 fr.

Une hausse d'un centime doit produire un bénéfice de . . . .   22,500 fr.

    10 centimes   225,000

    1 pour 100   2,225,000

    10 pour 100. 22,500,000

    15 pour 100. 33,725,000

De pareils bénéfices sont hors de proportion avec ceux que peuvent procurer partout les autres spéculations du commerce. On peut donc regarder comme un devoir indispensable pour l'emprunteur, de faire tous les efforts pour diminuer au moins en partie des profits aussi usuraires, en travaillant à améliorer le cours des effets publics avant d'emprunter ; car l'opération est beaucoup plus facile avant qu'après l'emprunt ; et, cependant, on a vu avec quelle rapidité les fonds se sont élevés l'année dernière, après que l'emprunt eut été rempli, c'est-à-dire à l'époque la plus difficile.

Si les fonds montent à 80 , ce qui est de toute probabilité, en deux ans, le bénéfice sur le dernier emprunt se sera élevé à 42 1/2 pour 100 , ou à plus de 120,000,000 ; et , vraisemblablement, si l'on ne prend aucune mesure pour améliorer le cours des effets publics, le bénéfice sur le prochain emprunt s'élèvera à 26 ou 27 pour 100 , c'est-à-dire à environ 60,000,000 de plus. Nous sommes donc bien fondés à répéter que jamais l'usure n'a été portée aussi loin , et l'on peut ajouter que jamais elle n'a été exercée avec plus d'impunité, ni par des personnes d'une plus haute considération, ni enfin avec un aussi étonnant succès.

Les revenus réunis du roi de France , Henri IV, et de la reine d'Angleterre, Élisabeth, n'atteignaient point la somme des bénéfices faits en un an, sur ces emprunts, par un petit nombre de négociants.

FIN.

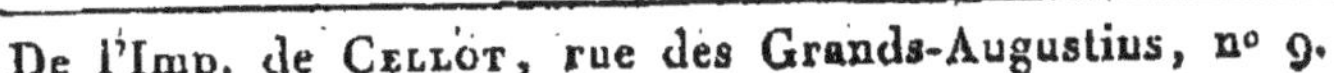

De l'Imp. de CELLOT, rue des Grands-Augustins, n° 9.

www.ingramcontent.com/pod-product-compliance
Lightning Source LLC
Chambersburg PA
CBHW061155050726
47594CB00008B/3430